Toni Lauerer

# Verheiratet, na und?

BUCHVERLAG

2. überarbeitete Auflage
ISBN 978-3-934863-65-1

Dieses Werk ist einschließlich aller seiner Teile urheberrechtlich geschützt.
Jede Verwertung außerhalb der engen Grenzen des Urheberrechts ist ohne
Zustimmung des Verlages unzulässig und strafbar. Dies gilt insbesondere
für Vervielfältigungen, Übersetzungen, Mikroverfilmungen und
die Einspeicherung und Verarbeitung in elektronischen Systemen.

**www.mz-buchverlag.de**
Umschlagfoto: Philipp Wagner, Furth im Wald
© MZ-Buchverlag 2008

## Inhalt

Die Hochzeitseinladung . . . . . . . . . . . . . . . 4

Die goldene Hochzeit. . . . . . . . . . . . . . . . . 10

Der Ehestreit . . . . . . . . . . . . . . . . . . . . . . . 19

Auf Hochzeitsreise . . . . . . . . . . . . . . . . . . . 24

Gespräch im Ehebett . . . . . . . . . . . . . . . . . 28

Die Hochzeit . . . . . . . . . . . . . . . . . . . . . . . 29

Die Ehe. . . . . . . . . . . . . . . . . . . . . . . . . . . . 33

Allgemeine Abkühlung . . . . . . . . . . . . . . . 33

Weihnachtlicher Zeitmangel. . . . . . . . . . . 34

Urlaubsliebe. . . . . . . . . . . . . . . . . . . . . . . . 34

Existenzminimum. . . . . . . . . . . . . . . . . . . 36

Vorstellungsvermögen. . . . . . . . . . . . . . . . 36

Der 3. Mann. . . . . . . . . . . . . . . . . . . . . . . . 37

Wejs das mochst, is vakehrt. . . . . . . . . . . . 38

Kranzniederlegung . . . . . . . . . . . . . . . . . . 41

Der Eßzimmertisch . . . . . . . . . . . . . . . . . . 44

# Die Hochzeitseinladung

Er: *(Im zornigen Selbstgespräch)* Glaubst, i bin nervlich scho wieder dermaßen mit de Nervn firte wega der blädn Hochzeitseinladung. I hass' Hochzeitn! Und jedsmol, wenn sowos is, dann schneid'i mi beim Rasiern und bluat wie eine Sau. Schuld is ja Sie. I muaß mi im Wohnzimmer rasiern, weil Sie steht scho seit 40 Minutn im Bad drin und schmiertse o, obwohl des eh nix bringt.

Sie: *(Aus dem Bad)* Wos schimpfst denn scho wieder?

Er: Ach, weil's wohr is. Schau amol, dass du firte wirst im Bad! Im Wohnzimmer konn i mi ned gscheit rasiern. Ohne Spiagl seg i nix!

Sie: Pass' bloß aaf, dass du di ned wieder schneidst! Bei da letztn Hochzeit host an drumm Bluatfleck am Hemad dran ghod. I hob mi dermaßen gschamt. Mir samma aaf da Hochzeit und bluatst wie ein ogstochas Keibl. Wor des peinlich!

Er: Du bist fei a ganz a brutale Frau! Anstatt, dass i dir leid dua, is dir peinlich. Du host koa Herz, des hob i scho allaweil gsagt. Außerdem hass' i Hochzeitn. Vo mir aus konn jeder heiratn, des is sei Sach'. Owa wenn, dann bittschön ohne mi. I muaß ned bei jedem Blädsinn dabei sa. *Bindet sich unbeholfen und viel zu kurz die Krawatte.* Des Krawattnbindn zum Beispiel mocht mi aa no amol narrisch. Do schau her, des is doch koa Krawattn! Des Schwanzl is doch a Witz! Vül zu kurz!

Sie: Wos sagst?

Er: I sog: Des Schwanzl is doch a Witz! Vül z'kurz!

Sie: Des woaß i scho lang! Host ebba du ned amol no a Hosn an?

Er: Hosn? Ja, frale hob i a Hosn an. Wos soll de bläde Frage?

Sie: I moin ja bloß.

Er: Schau liawa, dass du firte wirst! I muaß biesln. A dreiviertl Stund stehst du jetza do drin! A dreiviertl Stund! Und wos mi am meisten deprimiert: Wennst aussakimmst, schaust genau aso aus wia vorher. Des mocht mi so firte.

Sie: *(Laut, zornig)* Jetza schau dir des o! So eine Sauerei!

Er: Wos is denn scho wieder?

Sie: I hob dir scho hundert Mol gsagt, du sollst im Sitzn biesln, wennst im Steh ned gscheit triffst! De Klobrilln schaut aus, dass oan grausn kannt. Wenn do a Bsuach kimmt, muaßmase schaama. Pfui Deifl!

Er: Wenn des aso is, dann biesle in Zukunft in Gortn ausse. Nacha host a saubere Klobrilln und brauchst di ned schaama.

Sie: Du waarst so schlecht! Untersteh' di! Es is ein Kreiz! I muaß wieder alles putzn, obwohl i im Sitzn biesl.

Er: Wega mir konnst aa im Steh biesln. Nacha segst wenigstens, dass des gor ned so einfach is.

Sie: Gott bewahre!

Er: I moan ja bloß. Aaf jeden Fall hass' i de Hochzeiten. *Zieht sich die Jacke an.* Dauernd muaßt des feine Glump oziagn. Und dann de ganzn Pflichttänze mit de schwaarn Tanten! Schwitzn duast aaf Dauer wia a… .

Sie: *Unterbricht ihn:* Wos schimpfst denn scho wieder? Mit wem redst denn du überhaupt?

Er: Mit mir selber. Do widerspricht mir wenigstens koana.

Sie: Omei, armes Deutschland!

Er: Du, mochads dir wos aus, wenn i dahoambleibert?

Sie: Frale, dass i alloins duatsitz wie ein Depp und koa Mensch holt mi zum Tanzn. Nix do, du kimmst mit. Des waar doch unmöglich, wennst du do ned anwesend waarst. Für wos samma denn verheirat?

Er: Also, so ganz genau woaß i des aa ned.

Sie: Sei ned so gschert! Host d'Kartn dabei?

Er: *Erfreut:* Kortn? Ja, moinst du, dass do a Schofkopf zammgeht?

Sie: Doch ned Spielkartn! Ob du d'Glückwuschkartn dabei host?

Er: Jaja, hob i scho. Und a Sprücherl hob i aa scho draafgschriebn. A lustigs! Do werns schaun!

Sie: Wos nacha? Les amol vor!

Er: *Grinsend:* Liebe Anna, wir sind froh,
endlich hast du einen Mo.

      Gedacht hätt' man es nicht,
      bei dein verhautn Gsicht!
      Lustig, gell?
Sie: Ja sog amol, spinnst du? Des orme Deandl! De duatse doch wos o, wenn de des lest!
Er: Des wor doch a Witz! I hob ja gor nix affegschriebn. I hob doch bloß an Gag gmocht.
Sie: Über so an Gag konn i gor ned locha. Jetza hör' mit dein Blädsinn aaf und schreib wos Gscheits draaf! Und lesmas laut vor, weil i rasier mir grod d'Hoor vo meine Fiaß owa!
Er: Vo de Zähn waar's gscheida!
Sie: Wos sagst?
Er: Nix! Also lus, i hob folgendes gschriem:
      Halt's zamm und bleibt's gsund
      dann kriegt's ein Kind mit sieben Pfund!
      Passt des?
Sie: Naja, geht scho. Owa des schreibst du jedes Mal. Aaf jede Kartn 's gleiche Sprücherl. Irgendwie is des aa langweilig, wennma immer's Gleiche draafschreibt.
Er: Des lest doch eh koa Mensch, weil a jeder bloß aaf's Geld schaut.
Sie: Noja, vo mir aus. Aaf jeden Fall is des Sprücherl heit besser geeignet wia damals beim Gruber Jochen.

Er: Jetza fang holt ned wieder mit dera oltn Gschicht o!

Sie: Mei, hob i mi damals gschamt! Da Gruber Jochen hod Primiz und du schreibst eam aaf d'Glückwunschkartn affe: „Halt's zamm und bleibts gsund, dann kriegt's ein Kind mit sieben Pfund!" So ein Wahnsinn! Bei da Primiz!

Er: Nacha hättst holt du wos affegschriebn, wennst so gscheit bist!

Sie: Wennst du des Kuvert zuabickst und wegschickst! Do konn i nix mehr affeschreibn! Lass' fei des Kuvert für d'Anna no offa, weil i muaß no a Geld einedua.

Er: Ach, des konn doch i aa. I daad sogn: Pro Nase an Zwanzger, des san 40 Euro und da Kaas is gessn.

Sie: 40 Euro? Spinnst du? Do versaffst ja du alloins scho mehra!

Er: Bei da letztn Hochzeit hob i bloß fünf Weizen trunka!

Sie: Und vo de acht Obstler sagst nix?

Er: Des is wos anders. Do is da Wirt selber schuld, weil sei Essn so fett wor.

Sie: Aaf jeden Fall miaßma mir heit mindestens 300 Euro schenka!

Er: *Total geschockt:* Wos??? 300 Euro? Des waarn ja in echtn Geld 600 Euro! Ja, wer bin denn i? Bin i vielleicht a Bank? I bin doch koa Bank!

Sie: Jamei, des ghörtse heitzudogs einfach, dassma innerhalb der Familie großzügig is. Und außerdem, wenn aso a jungs Paar heirat, dann hods an Haffa Bedürfnisse.

Er: An Haffa Bedürfnisse! Konnst du gschwolln daherredn. Apropos Bedürfnisse: Kimm endlich vom Bad aussa, i muaß biesln!

Sie: Glei kimme. Jetza dua z'erst de 300 Euro in Umschlag eine, dassma dann glei geh kinna!

Er: Vo mir aus. *Steckt drei Hunderter in den Umschlag, nimmt aber nach kurzer Überlegung wieder zwei heraus und klebt dann den Umschlag zu.* Zu unserer Zeit, do wenn zwoa gheirat ham, nacha hams an Schnellkochtopf kafft oder a Kaffämaschin. Und heit? Heit düsn's in de Dominikanische Republik oder aaf d'Bahamas. Des kost 5000 Euro! Wos moinst, wiavül Schnellkochtöpf dassma do kriagert? Hunderte! Owa naa, des is de junga Leit wurscht. Hauptsach, sie san in an Land, woma d'Speisekortn ned lesn konn. Und nacha? Nacha kemmands wieder noch drei Wocha und hammand an Virus. Aso schauts aus!

Sie: Wos grantelst denn umanand? I versteh' di ned. Spinnst jetza ganz?

Er: I sog bloß, wega dem Virus.

Sie: Wos für an Virus?

Er: Mir is des wurscht. Woaßt wos? Mir persönlich is a Leichtrunk vül liawa wia a Hochzeit! Bei an Leichtrunk, do is Essn und Trinka aa frei, owa schenka brauchtma nix. Und de Tanzerei mit da ganzn bucklertn Verwandtschaft, de gibt's beim Leichtrunk aa ned.

Sie: *Kommt aus dem Bad.* So, i bin firte. Geh eine zum biesln und dann gemma aaf d'Hochzeit!
Er: Und du moanst, i solltert do unbedingt mitgeh?
Sie: Ja selbstverständlich! D'Anna waar dir ihrer Lebtag beleidigt.
Er: Ja, okay, dann geh i holt mit. Wenn scho unser oanzige Tochter heirat!

*Es gibt bestimmte Ereignisse im Leben, die rücken auch den ganz normalen Bürger kurz ins Rampenlicht der Öffentlichkeit. Man steht in der Zeitung, man kriegt Besuch von der örtlichen politischen und kirchlichen Führung und die Geschenkkörbe mit kalorienarmen sowie zuckerfreien Artikeln häufen sich. Ein solches Ereignis ist beispielsweise ...*

## *Die goldene Hochzeit*

*Es läutet an der Tür. Die Jubelbraut geht, um zu öffnen. Ihr Gatte, dessen Ohren nicht mehr die besten sind, hat das Läuten nicht gehört.*

| | |
|---|---|
| Gatte: | Wou wüllst denn hi? |
| Gattin: | Glittn hods! |
| Gatte: | Ha? |
| Gattin: | An da Tür hods glingelt! |

| | |
|---|---|
| Gatte: | Aso, glittn hods! Wer wird ejtza des sa? |
| Gattin: | Wahrscheinlich a Gratulant. |
| Gatte: | Ha? |
| Gattin: | *(Laut)* Zum Gratuliern wird holt ebba kemma! |
| Gatte: | Am End is gor a Gratulant! |
| Gattin: | *(Resigniert)* Ja, is scho recht. |

*Die Gattin öffnet die Tür. Draußen steht, mit einem riesigen Geschenkkorb bewaffnet, der Vorsitzende des örtlichen Obst- und Gartenbauvereins. Neben ihm, mit einem kleinen Paket, der Bürgermeister.*

| | |
|---|---|
| Gattin: | Griaß Gott, die Herrn! Kemmts no eina! |
| Bürgermeister: | Bin so frei. Grüß Gott, Frau Pfeifer! |
| Vorsitzender: | Griaßde, Resl! |

*Er gibt ihr umständlich die Hand, weil er den schweren Geschenkkorb halten muss.*

| | |
|---|---|
| Gattin: | *(Zum Gatten)* Do schau her, Sepp, wer kemma is! So eine Ehre! |
| Gatte: | Da Hochrainer Gfere? |
| Gattin: | Naa! I hob gsagt. So eine Ehre! |
| Bürgermeister: | Isa a weng a Witzbold, da Gatte? Des gfreit mi, wenn a älterer Mensch no so lustig is! |
| Gattin: | Naa, er hört schlecht. Fast nix! |
| Bürgermeister: | *(Peinlich berührt)* Ach so. Des hob i ned gwusst. |

| | |
|---|---|
| Gatte: | Wos? |
| Bürgermeister: | Des hob i ned gwusst, dass Sie so schlecht hörn. |
| Gatte: | Sie mejßn lauter redn, i hör so schlecht! |
| Bürgermeister: | *(Hilflos zur Gattin)* Er hört wirklich ziemlich schlecht! |
| Gatte: | Wos sagta? |
| Gattin: | Is o wurscht! |
| Gatte: | Dann gib eam holt ebbs zum Trinka, wenn er Durscht hod! |
| Gattin: | Omei, Mo! |
| Vorsitzender: | *(Zum Bürgermeister)* Sogn Sie zerst ebbs oder i? |
| Bürgermeister: | I fang o, wal i mou dann wieder weiter zu an Neunzigjährigen und danoch zur Friedhofseinweihung. Also, sehr verehrtes Jubelpaar! Ich darf … |
| Gatte: | *(Zur Gattin)* Wer isn der Mo? |
| Gattin: | Ejtz bi staad! Der holt a Rede, do mousst zoulusn! *(Zum Bürgermeister)* Nix für unguat, owa kanntns a weng lauda redn, dass mei Sepp aa ebbs verstejt. Immerhin hod er aa goldene Houzat. |
| Bürgermeister: | *(Laut)* Also, sehr verehrtes Jubelpaar! Liebe Frau Pfeifer, verehrter Herr Pfeifer! |
| Gatte: | Schej sagta des. Mei Liawa, der Mo konn schmatzn! Des mou oan gebn sa! |

| | |
|---|---|
| Gattin: | Psst! |
| Bürgermeister: | Fünfzig Jahre in Freud und Leid vereint! Das ist gerade in der heutigen Zeit ein Grund zum Gratulieren. Heute, wo Beziehungen am laufenden Band in die Brüche gehen. |
| Gatte: | *(Zur Gattin)* Wos am laufenden Band? Wos sagta? |
| Gattin: | Heitzudogs loussn'se dauernd oi scheidn! |
| Gatte: | *(Zum Bürgermeister)* Des stimmt! Des is heitzudogs a Katastrophe! Kaam druckt oan a Schoaß oder wos, dout er davo. Des hätts freja ned gebn. Do hodma zammgholtn! Wenns aa amol a Gstritt gebn hod. A Gstritt gibts überoll. Wenns koa Gstritt ned gibt, dann is aa ned normal. Owa nacha hodmase holt wieder zammgrafft, gell, Res? |
| Gattin: | *(Gerührt)* Genau Sepp, do host du recht! |
| Bürgermeister: | Auf jeden Fall darf ich Ihnen beiden herzlich zu Ihrer goldenen Hochzeit gratulieren. Ich wünsche Ihnen noch viele harmonische Jahre bei bester Gesundheit! |
| Gattin: | Mei, vielen Dank, Herr Bürgermeister! Des gfreit uns recht! *(Laut)* Gell, Sepp, des gfreit uns!? |
| Gatte: | *(Zum Bürgermeister)* Des gfreit uns recht! A wunderbare Rede wor des. Wunderbar. Sie, ejtz mou i amol |

|                  | dumm frogn: Wer san nacha Sie? |
| --- | --- |
| Bürgermeister:   | *(Laut)* Ich bin der erste Bürgermeister! |
| Gatte:           | Ach, da Buagamoaster! Des gfreit mi, dass Sie extra hergschaut hamm zu uns. *(Stolz zur Gattin)* Des is fei da Buagamoaster! |
| Gattin:          | Des woaß i scho. I kenna doch! |
| Gatte:           | Ha? |
| Gattin:          | I kenn'n Buagamoaster! |
| Gatte:           | *(Laut zum Bürgermeister)* Sie kennt Sie! |
| Bürgermeister:   | *(Erschrocken über die Lautstärke)* Ja, ja, ich habs schon gehört. Sie kennt mich! |
| Gatte:           | I kenn Sie ned! |
| Bürgermeister:   | Jamei, da konnma nix macha. |
| Vorsitzender:    | I daad ejtz aa gern wos sogn! |
| Gattin:          | No frale, Alfons, sog ebbs! Wennst scho do bist, nacha sagst aa ebbs! |
| Gatte:           | So, ejtz trinkma an Obstler mitanand. I hob an ganz an guatn! |
| Gattin:          | Ejtz wort holt amol! Da Alfons wüll zerst a Rede holtn! |
| Gatte:           | Aso! Also Alfons, auf gehts! Greif o, dassma ebbs trinka kinna! |
| Vorsitzender:    | Dauert ned lang! Also, lieber Sepp, liebe Resl! Im |

|  |  |
|---|---|
|  | Namen des Obst- und Gartenbauvereins gratuliere ich recht herzlich und lege diesen Kranz nieder … äh, Entschuldigung, ejtz bine in a falsche Rede einekemma … und übergebe diesen Fresskorb. |
| Gatte: | *(Gerührt zur Gattin)* Wunderbar! |
| Gattin: | Psst! Lus zou! |
| Vorsitzender: | Du, lieber Sepp, bist seit zweiundfünfzig Jahren Mitglied des Obst- und Gartenbauvereins, davon sechzehn Jahre als erster Kassier … |
| Gatte: | Dann bine zrucktretn, wal da Schreiner Paul gsagt hod, i gib zvül Göld aus! Des brauch i mir doch vo dem Deppn ned sogn loussn, oder? |
| Vorsitzender: | Noja, Sepp, des is scho lang ume. |
| Gattin: | Ejtz bi holt amol staad mit dem oltn Zeig! |
| Gatte: | Wals wohr is! |
| Vorsitzender: | Wie gesagt, sechzehn Jahre als erster Kassier, zwölf Jahre als Gwaxhauswart und sechs Jahre als Kassenprüfer. |
| Bürgermeister: | *(Anerkennend)* Alle Ehre! |
| Gatte: | Ha? |
| Bürgermeister: | *(Laut)* Alle Ehre! |
| Gatte: | Aso! Ja, genau! |
| Gattin: | Eitz bi holt amol staad! |

| | |
|---|---|
| Gatte: | *(Deutet auf den Bürgermeister)* Er hod ogfangt! |
| Bürgermeister: | Entschuldigung! |
| Vorsitzender: | Dann moch i wieder weida. Also, lieber Sepp, nach harten Jahren des Krieges und der Gefangenschaft … |
| Gatte: | *(Zum Bürgermeister)* I konns Eahna sogn: Des is a hirte Zeit gwen! Ostfront! Da Russ an sich is ned zwider. Owa da Mongol! Hinterfotzert bis zum Gehtnichtmehr! Hundskrippln in Reinkultur! Mei Liawa, mit de Mongoln wennst mir ned gangst! |
| Bürgermeister: | A gej! |
| Gattin: | Ejtz bi holt staad mit deine Mongoln! |
| Gatte: | *(Zum Bürgermeister)* Psst! |
| Bürgermeister: | Entschuldigung! |
| Vorsitzender: | Aaf jedn Fall, lieber Sepp, hast du dir nach dem Krejg eine Existenz aufgebaut als Hausmeister. Inzwischen bist du stolzer Vater und Großvater. |
| Gattin: | Ejtz mou i scho amol dumm frogn: Hamma ejtz mir goldarne Hochzeit oder hod da Sepp Geburtstag? I bin in dera Rede überhaupt no ned vorkemma. Immerhin bin i d'Braut gwen damals vor fünfzig Johrn! |
| Vorsitzender: | Kimmst scho no dro, Resl! I bin eh glei firte. Also, |

|  | lieber Alois, somit derf ich dir und deiner Gattin Therese alles Gute zur goldenen Hochzeit wünschen. Vor allem Gsundheit und no vül Spaß am Eheleben. Und als äußeres Zeichen der Anerkennung überreiche ich ... krejgts praktisch den Fresskorb do. Mir hamma uns denkt, douma wos eine, wos eich schmecka kannt. Also, an guatn! |
| --- | --- |
| Gatte: | Bestn Dank, Alfons! Mensch, is des a schejna Fresskorb! Owa i konn ned alls essn, wal mei Ding ned stimmt, mei ... *(Zur Gattin)* Wos stimmt ned? |
| Gattin: | Dei Cholesterin! |
| Gatte: | Genau! Des stimmt ned. Owa des is ejtz aa wurscht, wal ejtz trinkma a Schnapserl mitanand! An selbergmochtn. Do werds schaun! Des is a direkte Medizin! |
|  | *Schenkt jedem ein Glas ein.* |
| Bürgermeister: | So, ein Wohl auf das Jubelpaar! |
| Alle: | Prost! *Man trinkt ex.* |
| Vorsitzender: | Mei Liawa, Sepp, des is a ganz a mülder! |
| Bürgermeister: | Überhaupt nicht rass! |
| Gattin: | Also Sepp, des is doch koa Schnaps ned! |
| Gatte: | *(Unsicher)* Also, mir kimmta aa komisch vor. Sieht sich die Flasche genauer an. Ja, gits des aa! Ejtz hob i's |

|                  | Weihwosser dawischt! Des isma ejtz direkt zwider! |
|---|---|
| Bürgermeister:   | *(Leicht angewidert)* Naja, des schadet auch nix. Haha! I mouss ejtz sowieso packa! |
| Vorsitzender:    | I packs aa. Also: nomol alls Guate! Schej wors! |
| Gattin:          | Ejtz bleibts holt no do! I hol eich an echtn Schnaps. |
| Bürgermeister:   | Naa, des brauchts ned. I mou wirklich furt. Also, danke nomol! Auf Wiederschaun! *Der Bürgermeister geht.* |
| Vorsitzender:    | Pfiat eich! Und holts weida zamm, all zwoa! Haha! *Der Vorsitzende geht.* |
| Gattin:          | Also, des mit dem Weihwosser wor fei gscheit peinlich. Schau holt draaf aaf d'Flaschn, bevor dass'd de Leit wos eischenkst! |
| Gatte:           | Jamei, des is a Selberbrennda. Do is vo Haus aus koa Etikett draaf. Und außerdem bist selber schuld, wennstas Weihwosser neba d'Schnapsflaschn histellst. Des ghörtse ins Schlafzimmer eine oder ins Bad. Owa doch ned neba d'Schnapsflaschn! |
| Gattin:          | Aaf jedn Fall dou i de Flaschn ejtz weg, dass de Peinlichkeit ned nomol passiert. |
| Gatte:           | Louss do. Am End kimmt da Pforrer no. Und für den passts! |

# Der Ehestreit

Sie: Du Spotzili! Bist du eigentlich glücklich mit mir?
Er: Dodal!
Sie: Ehrlich? So richtig voll glücklich?
Er: Voll!
Sie: *(Schwärmerisch)* Mei, is des schej!
Er: Gell!
Sie: Gibts gor nix, wos dir an mir ned passt?
Er: Nix!
Sie: Bin i dei Traumfrau?
Er: Eh klar!
Sie: Des kanntst fei ruhig öfter sogn! A Frau hört des gern.
Er: Du bist mei Traumfrau. Du bist mei Traumfrau. Du bist mei Traumfrau.
Sie: Omei, schej! Is des wirklich wohr, Spotzili?
Er: I daads ned sogn, wenns ned wohr waar. Des is so wohr, wohrer gejts gor ned.
Sie: Is des schej, wennst du des aso sagst. Gibts wirklich nix, wos dir an mir ned passt? Ned amol a Kleinigkeit?
Er: Null komma nix! Kannt ned besser passn.
Sie: Wenns irgendwos gibt: Sogs fei! I bin dir überhaupt ned bejs. Wennma se gern hod, dann derfma se alles sogn. Des ghört zu

da Liebe dazou!
- Er: Naa, eigentlich passt alles!
- Sie: *(Erschrocken, argwöhnisch)* Eigentlich? Wieso eigentlich? Also gibts doch wos, wos dir an mir ned passt!?
- Er: Naa, vergiss's! Is doch gor ned da Rede wert.
- Sie: Wos nacha? Wos is ned da Rede wert? Ejtz wülles wissen!
- Er: Is nix schlimms. Eigentlich isma wurscht. Es passt ja alles. Vergiss's einfach und aus!
- Sie: Nein, ejtza sogs! I bin doch dei Frau, i mou des wissen.
- Er: Noja, wennst unbedingt moinst: Vielleicht kaffst a bisserl z'vül Gwanda. Vielleicht. Owa eigentlich isma des sowieso wurscht. Vergiss's!
- Sie: Wos? I und z'vül Gwanda? Akkrat i? Wej kimmst denn do draaf? Also, Spotz, des is fei ejtz wirklich ein totaler Schmarrn. I und z'vül Gwanda! Dasse ned loch! Hahaha.
- Er: I hob ja gsagt: vielleicht. Redma nimmer drüber.
- Sie: Naa, des möcht i ejtza scho genau wissen. Worum moinst du, dass i z'vül Gwanda kaaf?
- Er: Worum host denn gestern zum Beispiel zwoa neie Bikini kafft? Host doch eh scho zwoa. Und ins Freibad gejhst vielleicht zwoamol im Johr. Und ins Wosser gejhst sowieso nie, wals di allaweil aso obeidlt, dass'd a Gänshaut krejgst. Und außerdem wernd deine Hoor so dadätscht.

Sie: Vergunst du mir vielleicht de zwoa Bikini ned oder wos?
Er: Um Gottes Wülln! I vergundas scho. Vo mir aus host du zehn Bikini. I sog ja bloß. Owa amol ehrlich: Wos wüllst denn mit sovül? Du host doch aa bloß oan Orsch und zwoa Busn zum einedou. Do daad doch oana glanga.
Sie: Do segtmas wieder, dass du keine Ahnung host. Vielleicht is da olte nimmer modern? Na brauch i an neia. I spor sowieso, wou i konn. *(Weinerlich)* Owa i wüll doch aa ned daherkemma wej da letzte Trampl. Do möcht i di dann hörn, wos du sogn daast, wenn i daherkammad wej da letzte Trampl. Do möcht i di hörn!
Er: Mei Muada hod ihra ganz Leben bloß oan Badeanzug ghod. Und de is aa koa Trampl, dassdas woaßt!
Sie: Dei Muada, dei Muada! Wenne des scho hör. Des is wieder typisch. Dei Muada, des is a Heilige für di. De sport, de is fleißig und de mocht de bestn Semmelknödel aaf da ganzn Wölt.
Er: Genau! Bessere wej du aaf jedn Fall!
Sie: *(Keifend, hysterisch)* Des is eine Gemeinheit! Worum host denn dann mi gheirat und ned dei Muada? Hättstas doch gheirat. Nacha hätts dir Semmelknödel kocha kinna, bis di zreißt. I konns echt nimmer hörn. Du und dei Muada! Lousssts eich doch eibalsamiern, du und dei Muada. Sie in ihran oltmodischn Badeanzug und du mit an Semmelknödel im Maal!

Er: Ejtz regde doch ned aso aaf! Du wolltst doch unbedingt wissen, ob mir wos ned passt. Ejtz woaßtas. Außerdem san mir deine Bikini dodal wurscht. Vo mir aus kaffst du Bikini, bis'n Kleiderschrank zreißt. Do host zwanzg Euro, na konnsta glei no oan kaffa!

Sie: Zwanzg Euro? Zwanzg Euro? Ja sog amol, spinnst du? Um zwanzg Euro krejg i ned amol a Badekappn! A gscheida Bikini kost heitzudogs mindestens hundert Euro!

Er: Worum mou a Bikini gscheit sa? Der braucht doch ned studiern.

Sie: Deine blädn Witze konnsta sporn. Owa du host ja vo Haus aus koa Ahnung. 's Oinzige, wos du woaßt is, wos a Pfund Lewakaas kost und a Weißbier.

Er: Hundert Euro? So deier san de Fetzn? Mei Sunntahosn hod neunundfünfzig Euro kost und do is vül mehra Stoff dran. *(Schüttelt den Kopf)* I glaub, i spinn!

Sie: Dei Sunntahosn. So ein Schmarrn! De schaut aa aus wej neunundfünfzig Euro. Bin i dir vielleicht ned amol hundert Euro wert? Du bist a richtiger Geizkrogn! I solltme scheiden loussn. I derfn ganzn Dog kocha und putzn und dei grintige Wäsch woschn und dann waar i ned amol hundert Euro wert. Abhaun sollt i, dann daasdas scho segn!

Er: Wennst moinst, na mousst holt abhaun. Des is doch mir wurscht. Na hob i mei Rouh.

Sie: Wos is dir des? Wurscht is dir des? Dei Rouh wüllst hom? Dou no aso weida! Tu nur so weiter! Na hau i wirklich ab. Omei, i kannt mi selber fotzn, wal i ned kennt hob, wos du für a Gloifl bist, wej i di damals gheirat hob. Wej konnma se bloß aso in an Menschen deischn!?

Er: Ja sog amol, spinnst ejtz dodal? Bloß wega an so an blädn Bikini wüllst abhaun? Außerdem hob i di gheirat, ned du mi, dass des klar is! Owa des bloß nebnbei. Du wolltst doch unbedingt wissen, ob mir wos ned passt. Ejtz hobes gsagt. Im Prinzip is doch des a dodale Nebnsach. Wennst vier Bikini brauchst, nacha kaffst holt viere. I hob ja bloß gmoint. Du kennste mit dem Gwandazeig sowieso besser aus.

Sie: Do schau her! Gibstas ejtza zou, dass i mi besser auskenn wej du? Gibstas endlich zou?

Er: Ja, i gibs zou. Bikinimäßig kenn i mi ned aus.

Sie: Und? Ich höre …?

Er: Wos hörst?

Sie: Entschuldig di gfälligst!

Er: Wenns ned mehr is: Tschuldige!

Sie: Also guat. Ich entschuldige.

Er: Des gfreit mi. Alls klar!

Sie: Samma na wieder guat oder wos?

Er: Sowieso. Mir worn immer guat. Schlecht worma mir zwoa no nie.

Sie: Segstas ejtz ei, dass du an Schmarrn verzapft host?
Er: No frale! I hob an Schmarrn verzapft. Wej immer.
Sie: Genau. Wej immer. Nacha bin i also doch dei absolute Traumfrau?
Er: Absoluter gejhts gor nimmer. Und ejtz bi staad, wal ejtz kimmt d'Sportschau.
Sie: Und bist dann glücklich, Spotzerl?
Er: Glücklich? I und glücklich? Worum sollt i glücklich sa? I wia behandelt wej a Sklave. An jedn Hund gejts besser wej mir. Gega mi is a Zuchttheisler a freier Mensch. Noch da Sportschau häng i mi sofort aaf, dassdas woaßt!
Sie: Segst, Spotzili, aso mog i di: Allaweil an Scherz aaf de Lippn!

## *Auf Hochzeitsreise*

Sie: Du, Spotzerl! Ejtz samma scho sechs Dog in Bibione und hamma no koa Ansichtskortn gschriem!
Er: Schreib halt oane!
Sie: Oane? I hob zehne kafft, und de mejßma alle schreim! Wos solle denn da Dante Irma schreim, ha, Spotzerl?
Er: Hm ... schreib: Das Wetter ist heiß und das Essen ist gut!

Sie: Owa d'Dante Irma hod uns zu da Hochzeit 400 Euro gschenkt! Do mejßma ihr scho wos Bsonders schreim.

Er: 400 Euro? Hmmm ... 400 Euro. Na schreibst: Das Wetter ist *sehr* heiß und das Essen ist *sehr* gut!

Sie: Also guat. „Liebe Tante Irma! Das Wetter ist sehr heiß und das Essen ist sehr gut. Viele Grüße aus Bibione, von der Ida und dem Done!" Du Spotzerl, des reimtse: Done und Bibione ... guat, daßma aaf Bibione gfohrn san.

Er: Guat, daß i Done hoiß. Stöll dir vor, i hoißad Kurt. Na hejdn mir dahoam bleim mejßn, daßase reimt: „Viele Grüße aus Furth, von der Ida und dem Kurt."

Sie: Ach, du allaweil mit dein Schmarrn. Du bist a richtiger Witzvogl. Wos schreima denn'n Onkel Ludwig?

Er: Wos hod uns der gschenkt?

Sie: 20 Euro und an Aschnbecher.

Er: Wos? Und dem wüllst du a Kortn schreim?

Sie: Jamei, es ghertse holt. Also, wos soll eam schreim? Sog wos, dir follt doch awl wos ei!

Er: Wos hamma da Dante Irma gschriem?

Sie: Das Wetter ist sehr heiß und das Essen ist sehr gut.

Er: Na schreibst ejtz: Das Essen ist sehr heiß und das Wetter ist sehr gut.

Sie: Aso ein Scharrn! „Das Essen ist sehr heiß." Des is doch a Krampf.

Er: 20 Euro und a Aschenbecher, des is a Krampf. Schreib, und aus!

Sie: Also guat. „Lieber Onkel Ludwig! Das Essen ist sehr heiß und das Wetter ist sehr gut. Viele Grüße aus Bibione, von der Ida und dem Done."

Er: Du, da Dante Inge mejßma wos Guats schreim! De hod uns doch an Tausender gschenkt!

Sie: Und an Aschenbecher!

Er: Scho wieder an Aschenbecher. I rauch doch gor net!

Sie: Owa d'Dante Inge raucht! Und wenns uns bsuacht, dann brauchts an Aschenbecher.

Er: Also gut, dann is des in Ordnung. Owa da Tausender is mir lejwa. Ejtza schreib: „Liebe Tante Inge!" ... Oder naa, schreib lejwa: „Liebste Tante Inge! Wir wohnen in einem Hotel neben dem Friedhof und denken oft an Dich. Das Wetter ist sehr schön und das Essen eine Delikatesse."

Sie: Wej schreibtma denn „Delikatesse"?

Er: Hm ... Deli... Delik...? Woaßt wos? Nimm a neie Kortn! Da Dante Inge schreima a Gedicht! Für 1000 Euro konnma scho amol a Gedicht schreim, oder?

Sie: Des is a guate Idee. Du host fei allaweil guate Ideen, Spotzerl!

Er: Jamei. Entweder des kon oana, oder des konn oana net. Ejtza schreib:

„Liebste Tante Inge, Du sitzt jetzt daheim.

     Wir sind auf Hochzeitsreise und wolln Dir wos schreim.
     Voll mit Schpageddi und Kaneloni
     grüßen Ida und der Toni!"

Sie: Super, Spotzili! Wej dir des allaweil aso eifollt!

Er: Entweder des kon oana, oder des kon oana net!

Sie: Ejtz mejßma no'n Papa und da Mama schreim!

Er: Voda und Muada? Hmm ... für de zwoa glangad eigentlich a normaler Text. Obwohl, ejtz bine scho drin im Dichtn. Ejtz schreima denen aa a Gedicht, ejtz is scho Wurscht. Schreib:
     "Ich und meine Frau
     schwitzen wie die Sau!"

Sie: Also Spotzerl! Des konnma doch net schreim. Des is doch dodal ordinär!

Er: Owa reima daadsase. Also guat, wennsda z'ordinär is, dann schreibst:
     "In Bibione sitz ich hier,
     Ihr glaubt nicht, wie ich transpirier.
     In zehn Tagen kemma wieda,
     bis dann grüßt Toni mit der Ida!"

Sie: Des is wos Schejns! Direkt romantisch. Wej schreibtma denn "dransbirir"?

Er: Wejmas sagt!

Sie: Also Spotzerl, tolle Gedichte follnt dir ei. Du bist fei wirklich a

gscheida Mo!
Er: Jamei. Entweder des kon oana, oder des kon oana net. So, und ejtza dou de Kortn weg! Ejtz moge nimmer dichtn, ejtz douma amol ganz wos anders.
Sie: Wos denn, Spotzerl?
Er: Ejtz mochma a Gschenk für d'Mama und für'n Papa!
Sie: A Gschenk? Wos mochma denn?
Er: An Enkel!
Sie: In dera Hitz?
Er: Jamei. Entweder des kon oana, oder des kon oana net!

## *Gespräch im Ehebett*

Er: Du, woaßt wos?
Sie: Wos denn?
Er: Eigentlich kannt unser Schlafzimmer farblich ruhig a weng bunter ausschaun! Des daad a weng a Stimmung einabringa, a weng a Leben.
Sie: Wie moanst jetza des, bunter?
Er: Noja, zum Beispiel de Wänd und de Deck. I moan, des Weiß, des dodal weiße Weiß, des is aaf Dauer direkt a weng langweilig. A

   poor rote Tupfer zum Beispiel, de waarn eventuell ganz nett.
Sie: Nix do! Wennst scho de ganze Nacht Muckn derschlagst, dann wischst aa gfälligst de Bluatfleck weg!
Er: Ja guat, i hob ja bloß gmoant.


*Wenn sich zwei junge Menschen kennen und lieben lernen, ist das sehr schön. Etwas schleppend verläuft oft die Kontaktaufnahme zwischen den Eltern der Betroffenen. Wenn der Vater der Braut aus Altbayern, der des Bräutigams aber aus dem nördlichen Norddeutschland kommt, können auch noch Verständigungsprobleme hinzukommen. In der nachfolgenden Szene treffen sich die beiden zwar deutschen, aber verschiedensprachigen Väter im Wirtshaus zwecks gegenseitigem Kennenlernen.*

## Die Hochzeit

Preiß: Guten Tach, Herr Gmeindner! Schulze ist mein Name!
Bayer: Griaßde Schulze! I bin da Kare.
Preiß: Ach, der Karl! Ja, dann bin ich natürlich nicht der Herr Schulze für dich, sondern der Heiko.
Bayer: Ja mi host ghaut, is des a greislicher Nam.
Preiß: Wie meinst du, Karl?

Bayer: Ah, nix. Also, dei Bou wülls praktisch packa?

Preiß: Was sagtest du, Karl?

Bayer: Dein Bube will also praktisch unsere Wettl packen, heiraten quasi. Dein Bube unsere Wettel.

Preiß: Nein Karl! Die Babette will er heiraten!

Bayer: Des is doch de gleich! Mir hoißmas holt dahoam Wettl.

Preiß: Wie bitte, Karl?

Bayer: Mir sagen zu der Babette Wettel daheim.

Preiß: Ach, wie originell!

Bayer: Ja mei. Mir sognma holt aso. Und? Wos is dei Bou überhaupt für oana? Rauchta, saffta, weibert er?

Preiß: Wie meinst du, Karl?

Bayer: Ob dein Bube gesund ist.

Preiß: Selbstverständlich! Kerngesund!

Bayer: Aha. Noja, immerhin. Und? Wos treibt er aso'n ganzn Dog?

Preiß: Was er treibt? Wie meinst du das, Karl?

Bayer: Ja sog amol, hörst du ebba schlecht? I mou alls zwoamol sogn zu dir. Wos er für an Beruf hod, dei Bube!

Preiß: Er ist Revisor.

Bayer: Is des mehra wej Feldwebl?

Preiß: Aber Karl! Du bist mir vielleicht ein Witzbold. Er ist Revisor bei der Bank. Er prüft dort die Kasse.

Bayer: Aso, a Kassnprüfer! Ja, konn denn der do lebn davo? I bin zum Beispiel Kassenprüfer vom Eisstockverein und krejg koan Pfenning dafür.

Preiß: Das ist etwas anderes, Karl. In einem Verein ist man natürlich ehrenamtlich tätig, mein Kai-Uwe dagegen ist natürlich hauptamtlicher Revisor.

Bayer: Noja. Sechane mouss aa gebn.

Preiß: Wie bitte?

Bayer: Solcherne muss es auch geben. Owa ejtz amol im Ernst. Hod dei Bou überhaupt Grind?

Preiß: Wie meinst du, Karl?

Bayer: Ob dein Bube Gründe hat.

Preiß: Gründe? Welche Gründe? Gründe wofür?

Bayer: Zum Baun! Hod er Baugrind?

Preiß: Ach, du meinst Baugrundstücke! Nee, hat er nicht.

Bayer: Des is schlecht.

Preiß: Er besitzt jedoch ein Aktienpaket im Wert von 100 Tausend Euro.

Bayer: Des is guat.

Preiß: Und zwar in erster Linie Brauereiaktien.

Bayer: Des is ganz guat! I segs scho kemma, des kannt wos werdn mit uns zwoa.

Preiß: Das will ich doch meinen! Mein Kai-Uwe und deine Babette lieben sich doch sehr.

Bayer: Oans mousst dir mirka, Heino ...
Preiß: Heiko heiße ich! Heiko!
Bayer: Oans mousst dir mirka, Heiko, Liebe vergeht, Bargeld besteht!
Preiß: Hahaha! Das ist wohl ein typisch bayerischer Spruch?
Bayer: Des is koa Spruch, des is a Tatsach!
Preiß: Ach so. Aber ein Aktienpaket über 100 Tausend Euro, das ist doch auch schon was. Oder Karl?
Bayer: Des möchte i moina. Owa, dass di ned deischt: Mei Wettl krejgt aa 40 Tausend Euro mit. Und vier Dowa Wold! Und d'Houzat zohl i, dass do nix faahlt.
Preiß: Wie bitte?
Bayer: Die Hochzeit zahle ich, dass da nix feilt!
Preiß: Aber dann zahle ich die Hochzeitsreise. Da bestehe ich darauf!
Bayer: Do brauchst ned bstej draaf. De zohlst du aso und aso. Hoffentlich kimmts recht deier!
Preiß: Was sagtest du, Karl?
Bayer: Es ist schön, dass du die Hochzeitsreise zahlst. Also, i segs scho: Obwohlst a Preiß bist, mit dir konnma hampern!
Preiß: Ach Karl, ich verstehe dich so schlecht. Was sagtest du?
Bayer: Prost, Heino!
Preiß: Heiko heiße ich!
Bayer: Des is ejtz aa scho wurscht. Also, prost Heiko!
Preiß: Prost, Karl!

## Die Ehe

Sepp: Hostas glesn in da Zeitung? Die Zahl der Eheschließungen is scho wieder um acht Prozent gsunka! Ja sog amol, wo soll denn des no hiführn? Es is a Kreiz mit de junga Leit heitzudogs, weil de vo da Ehe nix mehr holtn! Do hoaßts „Heiraten? Nein danke!" Aso schauts aus! De heiraten dodal ungern! De Ehestand bedeit denen gar nix!

Kare: Also des kannt i jetza ned sogn. Mei Tochter zum Beispiel, de is erst 25 und de holt viel vom Ehestand. De heirat nämlich in zwoa Wocha. Und zwar scho's dritte Mol!

## Allgemeine Abkühlung

Sepp: Mensch, wenn i aso zruckdenk: Heit vor an Johr hods 35 Grod im Schatten ghabt! Und heier? Grod amol 15 Grod. Do segstas, wias aaf oa Johr abkühln konn.

Kare: Owa ehrlich! Aaf a Johr is eiskolt wordn. De ganze Hitz is weg!

Erwin: Des konn i bestätigen! I hob vor oan Johr gheirat!

## Urlaubsliebe

Kare: Wos schausten gor so verdraaht, Sepp?

Sepp: Kare, i war heier zum ersten Mol in Urlaub in Tschechien. Weil i hobma denkt, jetza, wo de in da EU san, konnma ruhig amol umeschaun.

Kare: Eben!

Sepp: Kare, des is ein so ein tolles Land! Ja mi host ghaut, is des ein tolles Land! Also allgemein und überhaupt! I war überoll! Aa ganz im Osten! Und in de Hohe Tatra, do hob i mi sofort verliebt!

Kare: Eam schau o! Hoffentlich spannt dei Olte nix!


## Weihnachtlicher Zeitmangel

Sepp: No drei Dog bis Weihnachten und i hob no koa Gschenk für mei Wei! Zenalln, wenn i bloß wissert, wos i dera schenka soll! I konn doch ned scho wieder a Parfüm kaffa!

Kare: Mensch, Sepp, denk amol noch! Frauen sogn doch oft so nebenbei, wos eahna gfollt! Hods in letzter Zeit nix erwähnt?

Sepp: Erwähnt? Mei, gestern beim Fernsehschaun hods gsagt:

"Sepp, des waar schee, wennst du ausschaun daadst wia da Brad Pitt!"

Kare: Des bringt uns ned weida, weil do fehlts vo Grund aaf!

Sepp: Des seg i aa aso. Mensch, wos soll ihr denn bloß kaffa?

Kare: Wos hoaßt kaffa? Oft kimmt wos Selbergmachts bei de Weiber besser o als wia wos Kaffts. Denk amol genau noch, hods ned irgendwos so beiläufig erwähnt, wos ihr gfolln daad und wos du selber macha kanntst?

Sepp: Hm …, also im Moment wissert i jetza nix, hm …, obwohl, letzten Samstag … oläck! Jetza woaßes! Ja mi host ghaut, wia soll i des mocha? Unmöglich! Des daad ihr zwar gfolln und des kannt i aa selber macha, owa des is unmöglich!

Kare: Wieso? Wos wills denn?

Sepp: Am Samstag samma spazierganga. Und do is uns d'Nachbarin mitn Kinderwogn entgegenkemma. Do hod mei Wei einegschaut und dann hods gsagt: "Omei Sepp, schau amol! Aso a kloans Wutzerl, des waar schee!" Des schaff i aaf drei Dog nimmer!

## Vorstellungsvermögen

Kare: Mensch Sepp, hostas glesn? Da Hinterholler is jetza scho 30 Johr Bürgermoasta! Der hod praktisch sei 30-jähriges Dienstjubiläum oder wiama do sagt. Wahnsinn! 30 Johr Bürgermoasta! 30 Johr Chef, 30 Johr alles bestimma, wos lafft, 30 Johr Befehle gebn, 30 Johr oschaffa! Des konnse unseroaner gor ned vorstelln!

Sepp: Unseroaner ned, owa unsere Frauen!


## Existenzminimum

Sepp: Wos schaust denn so grantig, Fonse? Duat dir wos weh?

Fonse: Ach, i hob so einen Zorn aaf des Finanzamt! Bloß weil i a Junggsell bin, ziagn de mir Steiern o, dass nimmer feierlich is! Woaßt, wos mir no bleibt vo mein Brutto? Woaßt du des?

Sepp: Naa, i woaß des ned. Wos bleibt dir denn nacha vo dein Brutto?

Fonse: 50 Prozent! Fuchzig Prozent! Hä, konnst du dir des vorstelln? 50 Prozent fürs ganze Monat! Des geht in Richtung Existenzminimum! Und des bloß, weil i Junggsell bin!

Sepp: 50 Prozent? 50 Prozent vo dein Lohn host du im Monat für di? Zum Furtgeh, zum Schafkopfspieln, für Zigrettn?
Fonse: Genau! Gschissne 50 Prozent! Mehr bleibt mir ned! Und des bloß, weil i a Junggsell bin!
Sepp: Omei, du Glücklicher!
Fonse: Wieso Glücklicher?
Sepp: Mir bleibn ned 50 Prozent, sondern 50 Euro! Bloß weil i verheirat bin!


# Der 3. Mann

Sie: Do les, wos in da Zeitung steht: „Jeder 3. Mann hilft seiner Frau regelmäßig bei der Hausarbeit." Do konnsta a Beispiel dran nehma!
Er: Worum i? I bin doch dei erster Mo!

*Es ist eine Eigenschaft von uns Menschen, immer genau das unbedingt zu wollen, was man nicht hat. Und da wir Männer größtenteils zu den Menschen gehören, gilt dies auch für uns. Derjenige, welcher sich im mehr oder weniger glücklichen Ehestand befindet, trauert seinem Junggesellendasein nach. Der Junggeselle dagegen sehnt sich in langen Nächten nach der Gattin, die er nicht hat. Für beide trifft der alte bayerische Spruch zu:*

# Wejs das mochst, is vakehrt

### Gedanken eines Junggesellen

Ejtz sitze holt wieder do mit meiner Holwe Bier und gaff in Fernseh eine! De dritt Zigrettn rauche aa scho seit oana Stund, obwohls mir gor ned schmeckt, des greisliche Kraut. Hungern daad mi aa no. De Rühreier glangand einfach ned zum sattwerdn. Und schmecka doumands mir aa nimmer.

Ach, de blädn Rühreier! Drei Wocha hob i braucht, bises gscheit kocha hob kinna. Drei Wocha! Und ejtz? Ejtz konnes nimmer segn. Gestern in da Nacht hob i sogor draamt von an Rührei. Des hod Fejß ghod und is an mir vorbeigrennt und hod aaf mi herglocht. So ein Wahnsinn! Schej langsam is soweit mit mir. Schej langsam fang i 's Spinna o. A Rührei mit Fejß! So oans gibts doch gor ned!

In da Frej isma dann sauschlecht gwen. Nacha hods in da Kantine als

Broutzeit Rühreier mit Schinken gebn. Der Kantinenwirt hod aa koa Hirn. I hätt eams bold affegworfa, sei Glump.

A Wei wenne holt hätt! Dann schauert d'Wölt ganz anders aus. De kanntma alle Dog wos Guats kocha. I daad ihr in da Frej sogn, wos i gern mog zum Essn, und aaf d'Nacht, wenn i hoamkimm, daads scho am Tisch obnstej. 's Essn natürlich, neds Wei.

Owa i hob ja koa Wei. Allaweil hab i gsagt: „I heirat ned so schnöll! I bin ned so bläd und häng mi sölber o wej a Rindl Vejch, i ned!"

So schlau hob i dahergschmatzt. Und ejtz? Ejtz bleibe über! D'Hoor gengand mir aa scho aus. An Plattertn wüllns vo Haus aus ned.

's letzemol hätt i oana gfolln. Owa aso wej de ausgschaut hod, des konnse koa Mensch vorstelln. Also, wenn oane aso ausschaut: Lejwa bleib i über! Obwohl, a Wei, des waar scho a Sach. Do hättst a Ansprach aaf d'Nacht. Und raucha daad i aa ned sovül, wals Wei daad sogn: „Rauch ned sovül, Schatzerl! Des is doch ned gsund und i mog doch a gsunds Schatzerl!" Und i daad ned raucha und waar a gsunds Schatzerl.

Owa ejtz, ohne Wei, zuig i oane noch da andern eine, wej a Depp. Und so wampert, dass i mi kaam riahrn konn, waar i aa ned. Wals Wei daad sogn: „Iss ned sovül Schatzerl, i mog doch a schlanks Schatzerl!" Und i daad ned sovül essn und waar a schlanks Schatzerl.

Owa ohne Wei friss i eine wej a Bläder und dann isma schlecht und blaahn douds mi aa und i draam vo Rühreier mit Fejß. Oft denkama, alle krejgnd a Wei, bloß i bleib über. Oana, der wej a Wei hod, der woaß gor ned, wej schej dassas hod!

### Gedanken eines Ehemannes

Mensch, waar i heit gern zum Schofkopfa ganga! Oamol wieder gscheit spüln und saffa mit de oltn Freind! Owa naa, sie mou akkrat heit ihra olte Freindin Hilde bsuacha und i mou mit.
Allaweil sagts, i bin z'wampert und meine Hoor san zrupft. Owa ejtz, ejtz brauchts mi wieder zum Vorführn. Dass d'Hilde segt, wos sie für an schejn Mo hod und dass neidisch wird, wal sie gor koan hod. An Anzug mou i olegn und a Krawattn. Glaubst, i kannt des feine Glump leidn. Wenn i da Hilde in da Jeans ned gfoll, dann konns me kreizweis.
Sie, mei Gattin, stejt ejtz im Bad drin und schmiertses Gsicht voll wej a Papagei. Mei, wenn i aso nochdenk, nacha kimmts mir erst, wej bläd dass i bin. I, da ganz Gscheit! „I heirat!" hob i zu meine Kumpln gsagt, „i bin ned so bläd und saaf umanand und ruinier mei Gsundheit. I ned! Und wenn i aaf d'Nacht a Wei brauch, dann hob i oans. Und ehs Blädln mejssts eich beim Tanzn s'Maal fransert schmatzn, dass überhaupt oane mit eich in d'Bar gejt! Und dann loussts eich mit eiern Whisky-Cola stej wej an Deppn! Aso schauts aus!"
So schlau hob i dahergschmatzt. Ejtz hob i a Wei. Owa ejtz hobes alle Dog, des is aa nix. Und de Umanandasafferei is aa ned sooo schlecht,

wej i awl gsagt hob. Ejtz gejt o ned amol mehr a Reischerl, von an Rausch wüll i gor nix sogn. Kaam hob i drei, vier Holbe und i wia a weng lustig, na gejts scho lous: "Schmatz koan sechan Kaas daher! Schaama moumase mit dir! Reißde zamm! Kaam trinkta a Tröpferl Bier, wirda wej a kloans Kind. Kaafda a Mineralwosser! Suffbeidl!" Aso gejts de ganze Zeit: "Saaf ned sovül, friss ned sovül, rauch ned sovül!" Ejtza schnauf i nimmer sovül, dann dasticke. Dann hodses!

*Es ist nicht einfach, bei besonderen Anlässen die richtigen Worte zu finden. Ausgesprochen schwierig ist es, wenn man als Laie auf dem Gebiet der Redekunst überraschend zum Einsatz kommt. Extrem wird es, wenn die holde Gattin zwar gutgemeinte, aber unqualifizierte Ratschläge erteilt.*

## *Kranzniederlegung*

Sie: Wos bist denn so nervös, Mo?
Er: Ach, narrisch kannt i wern! Stocknarrisch! Akkrat ejtz, wou da olt Huaba Alis gstorm is, mou da Feierwehrkommandant im Krankahaus liegn. Akkrat ejtz!
Sie: Ja und? Wos isen do so schlimm dran?
Er: Wos do schlimm dran is? Wenn da Kommandant im Kranka-

haus liegt, na mou i am Grob den Kranz niederlegn, wal i sei Stellvertreter bin.

Sie: 'n oltn Huaba sei Stellvertreter bist du?

Er: Doch net'n oltn Huaba sei Stellvertreter! 'n Kommandant sei Stellvertreter bin i.

Sie: Walst allaweil sechane Ampln onimmst! Wenns an Deppn brauchand, na schreist du: „Hier!"

Er: Wos, wos! Aso a bläder Schmaatz. Des is doch a Ehrenamt! Des moußt onehma, wennsd gwöhlt wirst!

Sie: An Drumm Rausch host ghod, wejsd zwoata Kommandant worn bist! I woaß's heit no!

Er: Ja, des follt dir ei dazou! I z'brichma'n Kopf, wos i sog, wenn i den Kranz niederleg, und dir follt ei, daß i amol an Rausch ghod hob!

Sie: Sog holt einfach: „Pfiatde Alis!"

Er: „Pfiatde Alis!" I glaub, i spinn! Pfiatde Alis! Aso ein Schmarrn! Des konn i sogn, wenn er vom Wirtshaus hoamgejt, owa doch net, wenn er im Grob drin liegt. Do mou i scho wos Feierlichs sogn, zum Beispül, hmm, zum Beispül: „Lebe wohl, Kamerad Alis!"

Sie: Owa er hod doch Huaba Alis ghoißn, net Kamerad Alis.

Er: Also, daß du net de schlauer bist, des hob i scho gwißt, wej i di gheirat hob. Owa daß du soo bläd bist, des hob i mir net denkt.

Bei da Feierwehr, do sagtma holt Kamerad und net Huaba. Owa des kapierst du in 100 kolte Winter no net!

Sie: Walst allaweil sechane Ampln onimmst!

Er: Schau, daßd weidakimmst, daße iwalegn kon.

*Die Gattin geht.*

Er: Gottseidank is de Beißzang furt. Mensch, wos sog i denn bloß, wenn i den Kranz niederleg? „Leb wohl, Kamerad Alis"? Do is des Doute net so richtig drin. „Ruhe sanft, Kamerad Alis"? Hmm ... do gheratse da Frieden no mit eine. „Ruhe in Frieden, sanfter Alis"? Des is aa nix, do locht jeder, wenn i des sog. Wos sog i denn bloß, wos sog i denn bloß? Mir follt einfach nix gscheits ei. Da Kamerad soll drin sa, da Friedn, da Dout ... akkrat ejtz moua sterm, wou da Kommandant im Krankahaus liegt! Heida gwort vierzea Dog! Owa naa, ejtz moua sterm, da olt Kraudara.

*Die Gattin kommt zurück.*

Sie: Hä, Mo!

Er: Wos wüllsten du scho wieder?

Sie: Da Kommandant hod ogruafa. Er is heit vom Krankahaus entlassn wordn. Er sagt, es gejt scho wieder. Er sagt, er legt den Kranz nieder. Er sagt, du brauchstas net mocha. Er sagt, dir follt sowieso nix ei! Hihi.

Er: So ein Depp, so ein Angeber. I hob mei Rede scho lang firte, scho lang. Owa wenn der Wichtigdoua unbedingt sein

Schmaatz lousbringa wüll, na soll holt er de Rede holtn und den Kranz niederlegn. I hob mei Rede scho lang firte. Scho lang. Owa guat, wenn da Herr Kommandant moint. Na hebama holt mei Rede fürs naxtemol aaf!

*Die Verschönerung der heimischen Wohnräume durch neue Möbelstücke ist vielen Frauen ein Anliegen, vielen Männern dagegen Wurscht.*

## Der Eßzimmertisch

Er: Hob i ejtz wirklich mit einagmejßt in des Drumm Kaufhaus? Den Eßzimmertisch konnst doch sölber aa aussoucha. Do brauchst doch mi net dazou. I daad mir dawal a Bier kaffa, und in ana holbn Stund treffma uns wieder. Na konnst in Ruhe schaun.

Sie: Du kimmst mit! Des waar o no schejna. Allas sollt i sölber mocha. Den Tisch souchst du aa mit aus, wal essn doust aa draff.

Er: Wenns noch mir gang, brauchadn mir gor koan Eßzimmertisch, wal i in da Küch lejwa iß.

Sie: Des schaut dir gleich! Am lejwan daasd jedn Dog kolte Pfälzer mit Brout essn, daßd ja koa Bsteck oglanga brauchst.

Er: Genau! Und du hejst aa an Nutzn, walsd net sovül ospöln braucherst.

Sie: Ejtz bi staad. Mir kaffma an Eßzimmertisch und aus! Do schau her, wos daasd zum Beispiel zu dem Tisch do sogn?

Er: Der schaut 1 a aus. Den nehma!

Sie: Ja sog amol, host denn du überhaupt koa Hirn net? I hobmas direkt denkt, daß du glei „ja" sagst. Denk holt a weng mit! Der is doch vül z'kloa für uns. Mir brauchma an Ausziehtisch. Wenn d'Tante Klara und da Onkl Heinz zum Kaffätrinka kemmand, na glangt doch aso a kloans Tischerl net.

Er: De sollnd ehran Kaffä dahoam saffa, na brauchma mir koan sechan deiern Tisch net kaffa!

Sie: Dir waars am lejwan, mir hejtma nie Gäste, bloß daß du an büllign Tisch kaffa konnst.

Er: Des kimmt awl aaf d'Gäste draaf o. Owa de, de wej zu uns kemmand, de konnst alle vergessn. Wenn i bloß den Heinz oschau! Der gnocktse stundenlang zu eich Weiber hi und zuzlt'n Kaffä eine und frißt oa Plätzl nochn andern.

Sie: Des is holt a Kavalier!

Er: Mir wennsd net gangst. Wej der scho's Kaffäheferl holt! So gspreizt. Wer woaß, ob der normal is.

Sie: Also ejtz derfst owa aafhörn. Für di is bloß oana normal, wenna

45

de ganz Wocha im Wirtshaus hockt, raucht und jedn Dog fünf Holwe Bier safft.

Er: Genau. Des san holt no Manner. Owa de san leider am Aussterm.

Sie: Wundert di des? Alkohol und Nikotin bringts um.

Er: Schmarrn! De Schimpferei vo de Weiber bringts um! Wennma wega jeder Holwe zammgschissn wird, des is nämlich a Streß. Und der bringt an Menschn um. Des is erwiesn!

Sie: Ejtz hör mit dein Schmarrn aaf! Mir samma do zum Tischkaffa. Wos sagst zu dem do? Der is Kiefer massiv.

Er: Der paßt. Den nehma!

Sie: Owa unser Eßzimmerschrank is Fichte. Ob des zammpaßt?

Er: Holz is Holz! Außerdem is doch ä a Tischdeck draff, na segst d'Kiefer sowieso net.

Sie: Des stimmt. Hmm ... Da Preis waar aa in Ordnung. Also guat, na nehma den.

Er: Den bringma owa net ins Auto eine. Der is z'grouß. Der spießtse hint und vorn!

Sie: Des is doch's Muster. Mir nehma'n gleichn ausn Lager, zum Sölberzammbaun. Den moußt dann du dahoam zammbaun.

Er: I? I bau nix zamm. Mir wennsd net gangst. Lejwa zohle an Hunderter mehr.

Sie: Des is typisch! Bloß nix orwatn! Bloß net plogn! Für den Hunderter, wos's Zammbaun kost, kanntma scho wieder a schejne Tischdeck kaffa.

Er: De Tischdeck, de spendier i vo mein Taschngöld. Hauptsach, i brauch nix zammbaun.

Sie: Also guat, wennsd moinst, na sollsma recht sa. Hm ... wos nimme denn ejtz für a Tischdeck?

Er: Is doch Wurscht. Decka dout a jede. Nimm irgendoane!

Sie: Irgendoane! Do segtmas wieder, daß du koa Ahnung host. De mou doch zu De Vorhäng im Eßzimmer passn!

Er: Owej! Ejtz gejt des wieder lous mitn Zammpassn. Des mocht mi no narrisch. Du daasd am lejwan's ganze Johr Tomatn essn, bloß wal de zu de routn Vorhäng passnd.

Sie: Du host koa Gfühl für so Sachern. Des moußt scho mir iwaloussn.

Er: Wals wohr is. Do mou d'Serviettn zum Heferl passn, 's Heferl zum Flaschnöffner und da Flaschenöffner zum Teppich. Des is doch a Wahnsinn!

Sie: Des is koa Wahnsinn, des nenntma Stil und Etikette! Owa Stil und Etikette host du no nie ghod. Du host no nie gwißt, wos zammpaßt!

Er: Drum howe aa di gheirat. Irgendwann werma's ganze Haus

oreißn, wals Dach net zum Gortntürl paßt! Dir waars am liawan, wenn unser Bou routschädlt waar, bloß daß sei Kopf besser zum Lampnschirm paßt!

Sie: Schmatz koan sechan Schmarrn daher! Gej liawa ins Lager und hol den Tisch. Dawal souch i a Tischdeck aus.

Er: Vo mir aus. Owa z'erst gej i in drittn Stock ins Kaufhausbistro und kaafma a Flascherl Bier!

Sie: Des is typisch für di. A Bier aus da Flaschn. Des hod zum Beispül aa koan Stil.

Er: Owa a Etikett!